Bonjour et bienvenue!

My French Notebook belongs to

....

French language Level..............

LA COMPRÉHENSION

ORALE

(LISTENING)

Bon voyage.
Have a good journey.

LA COMPRÉHENSION ÉCRITE

(READING)

C'est la vie.
That's life.

LA PRODUCTION

ORALE

(SPEAKING)

Chef d'œuvre.
A masterpiece.

LA PRODUCTION

ÉCRITE

(WRITING)

Raison d'être.
Reason for being.

GRAMMAIRE

(GRAMMAR)

Bon appétit.
Enjoy your meal.

VOCABULAIRE

(VOCABULARY)

Déjà-vu.
A feeling that you've seen something before.

French	English	Pronunciation

French	English	Pronunciation

French	English	Pronunciation
French	English	Pronunciation

French	English	Pronunciation
French	English	Pronunciation

French	English	Pronunciation

French	English	Pronunciation
French	English	Pronunciation

French	English	Pronunciation
French	English	Pronunciation

French	English	Pronunciation

French	English	Pronunciation

French	English	Pronunciation
French	English	Pronunciation

French	English	Pronunciation
French	English	Pronunciation

French	English	Pronunciation

French	English	Pronunciation

French	English	Pronunciation

French	English	Pronunciation

French	English	Pronunciation

French	English	Pronunciation

French	English	Pronunciation

French	English	Pronunciation

French	English	Pronunciation